LA DEFENSA NACIONAL Y LA TEORÍA DE LAS EXTERNALIDADES, LOS BIENES PÚBLICOS Y LOS CLUBES

AF194358

Cuadernos liberales

WALTER BLOCK

LA DEFENSA NACIONAL Y LA TEORÍA DE LAS EXTERNALIDADES, LOS BIENES PÚBLICOS Y LOS CLUBES

Unión Editorial
2025

© 2025 UNIÓN EDITORIAL, S.A.
c/ Hilarión Eslava 21 – local • 28015 Madrid
Tel.: 91 350 02 28
Correo: editorial@unioneditorial.net
www.unioneditorial.es

ISBN: 978-84-7209-962-3

Depósito legal: M. 25.539-2025

Traducción de Cristóbal Matarán López
Ilustración de la cubierta: Fernando Caicedo, «Defensa y energía».
Artes de cubierta e interiores de Ignacio Rico Guastavino

Compuesto e impreso por EL BUEY LIBERAL, S.L.
Impreso en España • *Printed in Spain*

ÍNDICE

LA DEFENSA NACIONAL Y LA TEORÍA DE LAS EXTERNALIDADES, LOS BIENES PÚBLICOS Y LOS CLUBES*

Levin[1] escribió un pequeño ensayo precioso mostrando «Cómo los errores filosóficos dificultan la libertad». Su «falacia de la leche desnatada»[2] es el error de asumir que la verdad es justo lo contrario de lo que parece ser el caso basado en la lógica, la consideración cuidadosa y la observación.

La historia de la economía política está contaminada terriblemente con ejemplos de este tipo. Quizás el más famoso sea el matón de Hazlitt[3,4] que «lanza un ladrillo a través de la

---

* Traducido por Cristóbal Matarán. Publicado en *The Myth of National Defense*, colección de ensayos recopilados por Hans Hermann Hoppe por el Mises Institute en 2003.

[1] Michael Levin: *How Philosophical Errors Impede Freedom*, Journal of Libertarian Studies, 14, n.º. 1 (invierno 1998-99): 125-34.

[2] Basado en el personaje *Pinafore* de Gilbert y Sullivan, el Pequeño Botón de Oro, quien canta: «Las cosas rara vez son lo que parecen. La leche desnatada se hace pasar por crema» (ibíd,. p. 129).

[3] Henry Hazlitt, *Economics in One Lesson* (Nueva York: Arlington House, 1979), p. 23. [Trad. esp.: *La economía en una lección*. Unión Editorial, Madrid 2025].

[4] Véase también en ese ensayo de Frédéric Bastiat, *The Law* (Irvington-on-Hudson, Nueva York: Foundation of Economic Education, 1962)

ventaja de la panadería». Normalmente, esto parecería ser dañino económicamente. La falacia filosófica de Levin concluye lo contrario.

Esto, sin embargo, no es más que la punta del iceberg. Del mismo modo, Murray señala de broma que «la discriminación contra los hombres blancos se animará porque es la discriminación que terminaría con la discriminación»[5]. Al comentar sobre un ejército permanente en Estados Unidos durante la Guerra Fría, Flynn manifestó mordazmente. «No tiene sentido militarizar la economía en el nombre de luchar contra una economía militarizada»[6].

La paradoja del mentiroso, también llamada la paradoja de Epiménides, es otro ejemplo de ello. Esta es la paradoja según la cual «Si esta frase no es cierta» es cierta, entonces no es cierta, y si no es cierta, entonces es cierta. Este ejemplo muestra que algunas formulaciones de palabras, pese a ser gramaticalmente correctas, no tienen sentido lógico. Por ejemplo, la afirmación «Estoy mintiendo» es cierta sólo si es falsa, y es falsa sólo si es cierta. Epiménides, un filósofo cretense del s. VI a.C., fue el primero que registró tal paradoja[7].

[Trad. esp.: *La Ley*. Publicado en el Cap. V de *Obras escogidas*. Unión Editorial. 2003. Madrid].; ídem, *Economic Harmonies*, W. Hayden Boyers, traductor (Nueva York: Van Nostrand, 1964) [Trad. esp.: *Armonías económicas*. Instituto Juan de Mariana. 2010. Madrid].

[5] Hugh Murray, «White Male Privilege: A Social Construct for Political Oppression», *Journal of Libertarian Studies* 14, n.º1, (invierno 1998-99): 136.

[6] Flyn, John. T.: *As We Go Marching*, Nueva York: Free Life Editions, 1944 [1973], citado por Llewellyn H. Rockwell, Jr., «Buckeyism, RIP». *Triple R. Rothbard-Rockwell Report*, 10, n.º 7 (julio de 1999): 11.

[7] Véase William Kneale y Martha Kneale, *The Development of Logic*, (Oxford: Claredon Press, 1962), p. 228; Sagrada Biblia, Nuevo Testamento, Epístola a Tito 1:12-13: Douglas R. Hofstadter, *Gödel, Escher, Bach: An Eternal Golden Braid* (Nueva York: Basic Books, 1979), .p 17. Debo esta cuestión y referencia a William Friedman.

Así, otro ejemplo tiene lugar en el contexto de la sociobiología. Wilson[8] mantiene que las ciencias sociales pueden ser reducidas a las físicas; particularmente, «que la investigación distintivamente humana para unidad de conocimiento» puede ser reducida en última instancia a la física. Vale la pena citar extensamente la respuesta de Hassing:

> El problema de la autorreferencia se tiene en la medida en que nos hagamos la siguiente pregunta: «¿Qué causó que E.O. Wilson escribiese este libro?» Supongamos que contestamos que las juguetones moléculas del cerebro de Wilson son las causas completas y suficientes de toda actividad, física y mental, contenidas en escribir *Consilience*. Ahora sabemos mucho sobre las propiedades de las moléculas. La búsqueda de la verdad no es una de ellas. Si las juguetonas moléculas son toda la causa de la producción de E.O. Wilson de este libro, entonces no hay nada más que una oportunidad de conexión entre el conocimiento humano y la selección de palabras en las páginas de *Consilience*. […] Al aplicar sus principios universales reduccionistas de explicación a su propio acto de explicación —al referir la explicación a sí mismo— conduce a un cierto tipo de contradicción: lo que dice contradice su credibilidad como un orador honrado. Fracasa la prueba de su autorreferenciación[9].

Yo mismo he contribuido de una pequeña forma a esta literatura de la autocontradicción interna. En un debate con un maltusiano preocupado por el problema del control de la población, cité:

> Incluso sus defensores no se lo toman de manera seria. Si uno de ellos estuviera seriamente preocupado sobre la su-

---

[8]   Edward O. Wilson, *Academic Questions* (verano de 1998); idem, *Consilience: The Unity of Knowledge* (Nueva York: Random House, 1998).

[9]   Hassing, Richard F.: «And Futhermore…», *Academic Questions* (invierno de 1998-99): 6.

perpoblación, el defensor de esta visión tiene una opción, y esa es el suicidio. El hecho de que (mi oponente en este debate) esté aún ahí, hablando, debatiendo, respirando y viviendo, es contradictorio con su posición de partida. Es, más aún, hipócrita. Es evidente que no está convencido de sus propios argumentos. Si lo estuviese, tiene para sí mismo el poder de descender la población en al menos uno[10,11].

Quizás la más profunda utilización de esta percepción fue ofrecida por Hoppe en su «argumento del argumento»[12]. Hoppe demuestra que mientras que es por supuesto posible para un hombre iniciar una agresión violenta contra otro hombre y su propiedad, no puede, bajo pena de contradicción, argumentar que tiene derecho a hacer algo así, por su propia naturaleza, la esencia del discurso es conceder al oponente el derecho a utilizar sus propias cuerdas vocales, cavidad toráci-

---

[10]   Citado por John C. McCarthy, «The Descent of Sciencia», *Review of Metaphysics* 5, n.°4, (junio de 1999): 851-52.

Consilience viola una regla lógica tan básica que no se mantiene para cualquier discurso en absoluto; fracasa en la prueba de la autorreferencia. El reduccionismo ontológico que pretende ser la sustancia de su discurso socava los presupuestos racionales que subyacen su acto de hablar. Uno debe por tanto decir de su libro lo que fue una vez dicho por un hombre a quien Wilson acredita como «el más grande arquitecto» de la ciencia natural moderna con respecto a la ciencia en su significado premoderno: es «como alguna magnífica masa sin ningún fundamento».

[11]   Walter Block, «Population Growth: Is It a Problem», *Resolving Global Problems into the 21st Century: How Can Science Help? Proceedings of the Fourth National Conference of Canadian Pugwash*, Peter S. Ross, Sheila Riordon y Susan McArtney, editores (Ottawa: CSP Publicaciones, 1989), p. 43.

[12]   Hans-Hermann Hoppe, *The Economics and Ethics of Private Property: Studies in Political Economy and Philosophy* (Boston: Kluwer Academic Publishers, 1993, pp. 204-07 [Trad. esp.: *Economía y ética de la propiedad privada*. Innisfree. 2006. Madrid]. Véase también Stephan Kinsella, «Punishment and Proportionality: The Estoppel Approach», *Journal of Libertarian Studies* 12, n.°1 (primavera de 1996): 51-74.

ca, lengua, garganta, etc., y a quedarse en pie o sentado en una determinada posición. Así, al argumentar sobre el derecho a estrangular gente o a robar sus posesiones, uno no puede superar la prueba de la autorreferencia.

No importa cómo se le llame ——la falacia de la leche desnatada, el problema de la autorreferenciación, la dificultad de cometer una pragmática o lógica contradicción— el problema se encuentra disperso en la literatura de lo que sucede por el pensamiento de las ciencias sociales. Pero en ningún lugar se fundamenta más en una visión filosófica completa que en el caso de la defensa nacional provista por gobiernos. Por poner la tesis en resumidas cuentas, argumentar que un gobierno recaudador de impuestos puede proteger legítimamente a sus ciudadanos contra agresiones es una contradicción misma, desde que dicha entidad *comienza* el proceso entero haciendo justo *lo contrario* de proteger a aquellos bajo su control. El gobierno, por su propia esencia, hace dos cosas a sus ciudadanos incompatibles con su declaración. Primero, *fuerza* a sus ciudadanos a enrolarse en sus actividades «defensivas», y segundo, *prohíbe* a otros que desean ofrecer protección a clientes en «su» área geográfica a hacer dichos contratos con ellos, con preferencia a aquel que él mismo les ofrece, bajo coacción. Si la verdadera protección de la violencia incluye al gobierno mismo y no existe razón para que no lo sea, entonces se trata de *esta* entidad la primera violadora de derechos. El Estado, aquí, es el indistinguible del líder de la mafia que dice a su víctima que le protegerá *de sí misma*[13]. ¿Cuáles son los detalles?

---

[13] Don Corleone en el célebre *El Padrino* dice a sus víctimas que «les hará una oferta que no podrán rechazar». La cuestión, por supuesto, es que si no pueden renunciar, es difícilmente una oferta; en su lugar, era una amenaza. Todo esto está claro como el cristal para todo el mundo. Desafortunadamente, esta cuestión ha sido evitada por generaciones de economistas, al menos en lo que concierne al gobierno, del mismo modo que la «oferta» es hecha a la ciudadanía.

I

EXTERNALIDADES

El primer intento para justificar la recaudación de impuestos con el fin de «proteger» a la ciudadanía que consideremos es el argumento de las externalidades. Muchos economistas sostienen que la defensa nacional es el tipo de cuestión que, mientras que indudablemente ayuda a aquellos que pagan por ella (apenas consentirían ser facturados de otra forma), estos beneficios no pueden ser plenamente atrapados por ellos. En su lugar, una parte del efecto del bien rebasa a aquellos que *no* han pagado por él. Cada persona piensa: «Si otros pagan por la protección de enemigos externos, entonces yo, en lugar de comprometerme a hacer frente al pago de esos costes, puedo ser un *free-rider* de esos gastos». Pero si todos atraviesan este ejercicio de lógica, entonces cada uno esperará que los demás financien esta operación; todos actuarán bajo la esperanza de que otra persona pague el coste y serán beneficiarios pasivos. Como resultado, nadie recompensará a los proveedores privados por este servicio, no habrá defensa nacional y ejércitos extranjeros relativamente débiles serán capaces de invadirnos.

¿Cuál es la solución a este problema? Para los economistas del mainstream, es que el gobierno *obligue* a la ciudadanía —a *todos* ellos— a pagar impuestos para la defensa nacional. En este sentido, el ciclo de externalidades puede ser roto. Nadie sentirá nunca miedo de que otros se aprovechen de su esfuerzo. Además, serán obligados a asumir su justa parte de la defensa común.

El problema aquí es el de la autorreferencia. Si el objeto del ejercicio es *proteger* a la gente contra la incursión violenta de otros, ¿cómo puede esto ser logrado si desde el mismo comienzo el gobierno les hace precisamente aquello *de lo* que se supone que los debería estar protegiendo? Así, de acuerdo con la lógica del argumento de las externalidades, el sistema es defenderlos contra agresiones. ¿Cómo *puede* ser esto lograrse si el gobierno comienza el proceso atacándoles, por ejemplo, forzándoles a pagar por su protección, tanto si la desean como si no?

Otra dificultad es que este argumento es «demasiado bueno». Demuestra mucho —demasiado—. Si fuera verdad, se aplicaría no sólo a los individuos, sino también a los grupos de personas: ciudades, Estados o naciones enteras. Considérese México, Estados Unidos y Canadá en este sentido. Durante la Guerra Fría, si Estados Unidos se armase para protegerse contra el gigante imperialista ruso, entonces según este argumento, este beneficio necesariamente rebasaría a sus dos vecinos, tanto al norte como al sur. Por lo tanto, los Estados Unidos no invertirían en bases militares. De forma similar, para Canadá y México. Pero los soviéticos, también, afrontarían el mismo dilema. Si se preparasen para luchar contra el belicismo imperialista estadounidense, los chinos, los indios, los pakistaníes, los afganos, húngaros, etc., serían todos receptores pasivos de los beneficios sobrepasados que emanasen del poder militar ruso. Esperarían, por tanto, conteniendo el aliento, para que los soviéticos hiciesen justo eso. Pero los subordinados de Stalin y Lenin se negarían a hacer eso. ¿Por qué habrían ellos de realizar los gastos necesarios, si sus vecinos se negasen a contribuir en su justa medida?[14]

---

[14] Si comienzo un gobierno, entonces de acuerdo con este argumento, te beneficiará a ti: si tú comienzas uno, yo seré un free-rider en él. Por lo tan-

De hecho, los soviéticos y los estadounidenses *sí* construyeron vastas bases militares durante la Guerra Fría. Además, los mexicanos y los canadienses, por no decir nada de los países alrededor de Rusia, tuvieron a bien formar ejércitos. Por lo tanto, existe algo malo en este argumento de las externalidades —o, al menos, que este argumento de alguna forma no puede ser utilizado para grupos de personas así como a naciones. Pero no existe razón para la inevitabilidad de generalizar este argumento. Por el contrario, para sus adeptos[15], no existen límites a su aplicación.

---

to ninguno de nosotros, llevará a cabo esta tarea. En otras palabras, podemos utilizar un argumento, demostrando ostensiblemente la necesidad del Estado, para probar que, según esto, esta institución no puede surgir. Véase Hans-Hermann Hoppe, «Fallacies of the Public Goods Theory and the Production of Security», *Journal of Libertarian Studies* 9, n.º1, (invierno de 1998): 27-46; ibíd., «Private Production of Defense», *Journal of Libertarian Studies* 14, n.º1 (invierno 1998-99): 27-52; ibíd., «The Private Production of Defense», (Auburn, Alabama: The Ludwig von Mises Institute, 1998); Murray N. Rothbard, *For a New Liberty* (Nueva York, McMillan, 1973) [Trad. esp.: *Hacia una nueva libertad. El manifiesto libertario*. Unión Editorial. 2014. Madrid]; Jeffrey Rogers Hummel, «National Goods versus Public Goods: Defense, Disarmament and Free Riders», *Review of Austrian Economics* 4 (1990): 88-122 [Trad. esp.: *Bienes nacionales contra bienes públicos. Defensa, desarme y free-riders*, publicado en *Procesos de Mercado*, núm. 2, otoño de 2015, pp. 397-441].

[15] Normalmente en este punto, me sentiría obligado de ofrecer bastantes citas. Esto es innecesario en el presente contexto, en el cual virtualmente todos los economistas aceptan este argumento. No hay ni un solo texto del mainstream en el tratamiento del tema que ponga reparos en él. Aquí un ejemplo: Dennis C. Mueller, *Constitutional Democracy* (Oxford: Oxford University Press, 1996): Todd Sandler, *Collective Action: Theory and Application* (Ann Arbor: University of Michigan Press, 1992); Ricard Cornes and Todd Sandler, *The Theory of Externalities, Public Goods and Club Goods* (Cambridge, Reino Unido: Cambridge University Press, 1986). Debo este y las referencias previas a Randy Holcombe. James M. Buchanan, *The Limits of Liberty: Between Anarchy and Leviatan* (Chicago: University of Chicago Press, 1975); Mancur Olson, Jr., *The Logic of Collective Action: Public Goods and the Theory of Groups* (Nueva York: Schocken Books, 1971); Geoffrey

En cambio, ¿podría resultar que el caso de los militares realmente sea una *deseconomía* externa? Esto es, en lugar de desbordar los beneficios hacia los vecinos, ¿aquellos que se armasen en una escala masiva serían capturados en la creación de lo que los últimos considerasen como *daños*? Esta parece ser la explicación de las leyes de control estadounidense sobre las armas. En efecto, si no se puede negar que los países invierten en equipamiento militar, también es cierto para ciudadanos locales. Y, sin embargo, en lugar de subsidiar a aquellos que adquieren pistolas —y su organización, la Asociación Nacional del Rifle— el gobierno *penaliza* dichas actividades hasta el extremo permitido por la Segunda Enmienda a la Constitución.

La cuestión es que los ciudadanos individuales están tratando de armarse y los intelectuales de izquierdas que caen en la justificación de la externalidad de la defensa nacional o del Estado, en lugar de *aplaudir* esta refutación de su teoría, apoyan las interferencias gubernamentales en ella. Así, de nuevo, se refuta por sí misma. Los defensores del argumento de la externalidad defienden la coacción estatal contra ciudadanos inocentes con el argumento de que estos últimos no se defenderían, debido a fugas de derrame. Así, tal y como sucede, cuando los individuos *sí* hacen esto (por ejemplo, invertir en armamento privado), en lugar de ver esto como una refutación de su teoría como lo es, se ocupan tejiendo apologéticas interferencias gubernamentales con estas ocurrencias.

Así que, ¿qué son? ¿Son las armas de fuego, las pistolas, los rifles, los tanques, los lanzacohetes, los cazas, etc., economías externas o deseconomías? Responder a esta pregunta es poner de manifiesto las falacias, para toda distinción, de todo aque-

---

Brennan y James M. Buchanan, *The Reason of Rules: Constitutional Political Economy* (Cambridge, Reino Unido: Cambridge University Press, 1985).

llo en lo que no se basa en la acción humana[16]. En su lugar, se basa en las subjetivas especulaciones de los historiadores de la corte que quieren tejer comprensión hacia la iniciación gubernamental de la violencia contra los inocentes contribuyentes mediante el uso del argumento de las externalidades, y quienes apoyan el control estatal de las armas de fuego sobre aquellos que tratan de protegerse por sí mismos sin ayuda de los políticos o los burócratas, en contra de su argumento.

El análisis de Rothbard[17] es definitivo. Basando su marco de trabajo en las elecciones de los individuos reales que actúan en la elección, su concepto de preferencia relevada arroja luz sobre este dilema. Mientras que la mayoría de economistas, y los hombres de la calle bajo su malvado tutelaje, calificarían la defensa nacional como una economía externa, están aquellos —pacifistas, aquellos desean prohibir las armas de fuego, lógicamente consistentes— que lo ven desde una perspectiva diametralmente distinta, como una *deseconomía* externa. La explicación para este abismo es clara: «La carne de un hombre es a menudo el veneno de otro[18]». Para Rothbard, sin embargo, *ambos* están equivocados. Esto es debido a que *ninguno*

---

[16]   Ludwig von Mises, *Human Action*, Scholar's edition (Auburn, Alabama: Ludwig von Mises Institute, 1998) [Trad. esp.: *La acción humana. Tratado de economía*. Unión Editorial, Madrid 2024]; Murray N. Rothbard, *Man, economy and State* (Auburn, Alabama: Ludwig von Mises Institute, 1993) [Trad. esp.: *El hombre, la economía y el Estado*. Unión Editorial, 2014. Madrid. Publicado en dos volúmenes].

[17]   Murray N. Rothbard, «Toward a Reconstruction of Utility and Welfare Economics», en idem., *The Lodig of Action I* (Cheltenham, Reino Unido: Edward Elgar, 1997).

[18]   Esto es obvio y literalmente cierto en el caso del vegetariano. De acuerdo con Richard Cornes y Todd Sandler, *Theory of Externalities, Public Goods and Club Goods*: «En el caso de un bien público puro, el voluntarismo puede ser ausente, desde que el bien puede contener algunos reticentes (por ejemplo, la defensa a un pacifista, fluoración a una persona que se oponga a su uso)» (p.159). Pero, ¿cómo puede ser un «bien público puro» si es al menos tan *malo* como algunas personas?

basa su análisis en términos de la acción humana: las elecciones reales hechas en los mercados.

Podría objetarse que las externalidades positivas no pueden basar su marco de trabajo analítico en mercados existentes ya que, al menos de acuerdo con su propia perspectiva, no pueden *existir* ningún mercado para la defensa nacional. En este sentido, se equivocan tremendamente, como cuestión de hecho. Una grande y próspera industria de armas de fuego, detectives privados, cerrajeros, alambre de espinos y aseguradoras pone fin a la creencia de que las externalidades positivas son tan poderosas (o que al menos existen) que pueden excluir a la gente de defenderse organizados a través de mercados. Pero inclusive si no existiera dicha industria, la objeción de los defensores de las externalidades positivas lanzarían contra Rothbard se quedaría en nada. En ausencia de cualquier *demostración* de que la gente que no paga por un bien o servicio lo valora de todas formas, al menos esta afirmación debe ser considerada no probada.

En el peor de los casos, sin embargo, puede ser considerado «mejilla ensangrentada»[19], según la expresión británica. Para hacerse una idea, yo puedo acercarme a usted con la siguiente afirmación: «Usted, amable lector, nunca me ha contratado como consultor económico. Usted no ha tomado ventaja de esta maravillosa oportunidad abierta ante usted. Sin

---

[19] En el peor de los casos merece el rechazo tajante de Rothbard:
A y B a veces se benefician, se mantiene, si pueden forzar a C a hacer algo… cualquier argumento que problema el derecho y la bondad de, digamos tres vecinos, que anhelan formar un cuarteto de cuerda, forzando a un cuarto vecino a punta de bayoneta a aprender y a tocar la viola, difícilmente merece un sobrio comentario».
Murray N. Rothbard, «The Fallacy of the 'Public Sector'», en idem., *The Logic of Action II: Applications and Criticism from the Austrian School* (Cheltenham, Reino Unido: Edward Elgar, 1997), p. 178.

embargo, lo sepa usted o no, se dé usted cuenta o no, lo aprecie usted o no, usted se está beneficiando en realidad de mi análisis económico[20]. Es usted, por tanto, un egoísta, un defraudador *free-rider* de estos polifacéticos beneficios que durante mucho tiempo le he proporcionado, *gratis*[21]. Pero ahora es el momento de detenerle de explotarme con respecto a esas ganancias desbordantes que usted ha disfrutado durante tanto de manera gratuita. Aquí le presento por tanto tiempo esta factura por $100.000, un precio de ganga. Si usted rechaza pagar, entonces iniciaré violencia contra usted».

No sólo es esta «mejilla ensangrentada», sino que usted puede replicarme de la misma forma. Todos nosotros podríamos facturar a los demás por servicios prestados hasta el extremo que deseáramos. Una vez que hayamos dejado el mundo de la preferencia demostrada rothbardiana, cualquier puede hacer lo que desease. Estaríamos en el mar sin timón.

---

[20] Esto va *especialmente* por aquellos a quienes realicé ofertas explícitas de mis servicios: su clara negativa indica lo mucho que me necesitaban.

[21] [En castellano en el original].

II

BIENES PÚBLICOS

Otra doctrina que ha sido utilizada en un intento por defender la provisión gubernamental de la defensa nacional[22] se basa en el concepto de los bienes públicos. Tal y como el Cuadro I aclara, dos consideraciones dan pie para que un producto sea considerado bien público o no: la exclusividad y la rivalidad. Desde que cualquiera de estas dos condiciones admita sólo un positivo o negativo, este sistema se genera en un cuadro de dos por dos. Si todas las personas aparte del comprador pueden ser excluidas de disfrute del bien, por ejemplo, una hamburguesa, y si todo el coste de servir a un consumidor extra es positivo, entonces tenemos un bien privado puro. En la categoría A no existe fallo del mercado y, por tanto, no hay lugar para la intervención gubernamental en la economía.

---

[22] En realidad, esta es una parte de una construcción artificial para nuestras intenciones analíticas. Para el vecino que vive puerta con puerta junto a un hombre en Seattle puede estar más lejos de una amenaza a él que alguien que viva en St. Johns, Canadá, aunque este último, se afirma, le deba lealtad a un país diferente y el primero sea un conciudadano. Por lo tanto, consideraremos tanto la defensa nacional contra extranjeros y, puede que más importante, la protección contra incursiones violentas sea cual sea su fuente geográfica o política.

		EXCLUSIÓN (¿Se puede excluir?)	
		SÍ	NO
RIVALIDAD (¿Se debe excluir)	SÍ	A (hamburguesa)	B (calle abarrotada)
	NO	C (televisión)	D (defensa, faro)

En la categoría B, es difícil, imposible o muy caro excluir a aquellos que no hayan pagado por el servicio, y existe rivalidad, en el sentido de que cada nuevo concurrente en una calle abarrotada frena o impone un coste sobre todos aquellos que están intentando moverse de un lugar a otro.

La calle abarrotada de una ciudad, entonces, es un bien semipúblico: semi-, porque mientras apruebe uno de los criterios de los dos del test, suspende en el otro. Sin embargo, es un caso de fallo del mercado de acuerdo con este argumento; por lo tanto, el gobierno debe proveer, crear y gestionar esta instalación. Una conclusión similar se aplica a la categoría C, sólo que aquí los antecedentes anteriores se invierten. En este caso los bienes y servicios son no rivales, no excluibles, dado que se puede impedir fácilmente que aquellos que no pagan obtengan el servicio (por ejemplo, interferencias en las emisiones de televisión). Pero la ausencia de rivalidad es un serio problema. Aunque aquellos que no pagasen puedan ser excluidos de forma barata de los beneficios, consideraciones de eficiencia requerirían que *no* fuesen excluidos del consumo, ya que al hacerlo no se impondrían costes marginales sobre nadie más[23]. En la categoría D, llegamos al bien público puro, el cual «ataca» la eficiencia del mercado en ambos aspectos, tanto en la

---

[23]   Por anticipar nuestra crítica posterior, podemos afirmar que «Sin coste marginal, ¿no? ¿Qué hay de los propietarios que se resisten a ser forzados a que los no consumidores consuman gratis, a sus expensas?»

rivalidad como en la exclusión. Una vez que un ejército defensivo haya sido puesto sobre el terreno, o una amenaza creíble de una represalia nuclear en respuesta a un ataque, no cuesta nada añadir una persona más bajo la protección de este paraguas. Por lo tanto, no sólo es el caso según el cual el mercado no puede proveer la defensa nacional, sino que no *debe*, aunque *pudiera*, ya que esto violaría contradicciones de la eficiencia económica. Y sucede lo mismo con el faro. Una vez que haya sido erigido y su luz encendida, no cuesta nada mantener a raya de aquellos peligrosos bancos a un barco adicional; ni tampoco se puede excluir a un barco de este beneficio, ya que si la señal para pagar es ver la luz, entonces muchos de ellos no contribuirán financieramente a esta empresa[24].

Puede que este esquema sea más sencillo de percibir si nos centramos sólo en un tipo de servicio. En el Cuadro II, lo ilustramos solamente con vías para vehículos.

		EXCLUISIÓN (¿Se puede excluir?)	
		SÍ	NO
RIVALIDAD (¿Se debe excluir?)	SÍ	A *(autopista abarrotada)*	B *(calle abarrotada)*
	NO	C *(autopista vacía)*	D *(calle vacía)*

---

[24]   En la visión de William J. Baumol (véase su reseña de Robert Alan Dahl y Charles Edward Lindbloom, *Politics, Economics and Welfare*, [1953], que apareció en *Economic Theory and Operation Analysis* [Englewood Cliffs, Nueva York: Prentice Hall, 1961], p. 268): «Los fallos del sistema de precios están bien descritos igualmente. Es incapaz de proveer necesidades comunales como la defensa, carreteras o faros porque son de coste elevado para cualquier individuo en proveer dichos bienes y servicios compartibles». Para rebatir la posición de Baumol en defensa, léase la nota al pie 14, abajo; sobre carreteras, léase la nota al pie 32; y para faros, léase la nota al pie 26.

Incorporamos el hecho de que sea fácil excluir motoristas desde autopistas (A y C) de acceso limitado (por ejemplo, con cabinas de peaje), pero casi imposible hacerlo en las calles de las ciudades (B y D). De forma similar, cuando una carretera de cualquier tipo esté abarrotada (A y B), existe rivalidad). El coste marginal que un viajero impone costes a los demás, haciendo que vayan más lentos, tanto en carretera como en calle. Si está vacío (C y D), entonces no. La categoría D viola la sutileza del fallo de mercado en ambos campos: es difícil excluir a personas inclusive de calles vacías y no hay razón de eficiencia económica para hacerlo en ningún caso.

Hasta aquí el argumento. ¿Cuáles son los defectos? Hay muchos y todos son serios[25]. Considérese primero la categoría A. No se puede negar que el coste marginal de una hamburguesa *ex ante* es de hecho superior a cero, en cuanto a que resultan alternativas cuando uno emplea recursos en esta dirección (por ejemplo, que no pueden ser invertidos en otras oportunidades). Sin embargo, esto ya no puede aplicarse *ex post*, una vez que las hamburguesas han sido cocinadas; por ejemplo, en el caso de quien espera para comprar en un McDonald's, entre el momento en que se colocan en la estantería y aquel en que alguien las adquiere. De hecho, no sólo son los costes de estos productos alimenticios superiores a cero, sino que no son inclusive *iguales* a cero. En su lugar, tienen un valor negativo, en el sentido de que cuesta algo positivo disponer de ellas. Esto significa que en lugar de colocar la hamburguesa en la categoría A, debería ser relegada a la C, junto con otros muchos bienes que no son rivales. Pero la ex-

---

[25]   Para una posterior elaboración, véase Walter Block, «The Justification of Taxation in the Public Finance Literature: An Unorthodox View», *Journal of Public Finance and Public Choice* 3 (otoño de 1989): 141-58; idem., «Canadian Public Finance Text Cannot Justify Government Taxation: A Critique of Auld and Miller; Musgrave, Musgrave y Bird; McCready; y Wolf», *Canandian Public Administration* 36, n.º 2 (otoño de 1993): 225-62.

clusión de la comida rápida puede llevar a dudar. Así, si me la como, entonces, por definición, tú no puedes disponer de ella para ti. Pero existen «muchos resbalones entre la copa y el labio», y también entre la compra y el consumo. ¿Cuántos niños (normalmente en colegios públicos, no en privados) han sido obligados a entregar su almuerzo al abusón del colegio? En todos estos casos, los no pagadores (por ejemplo, los abusones) *no* han sido excluidos del disfrute del bien en cuestión. Así, la hamburguesa se desplaza no sólo de A a C, sino también de A a B, con lo cual llega a D.

De cierta forma, podemos condensar B en D. Todo lo que debemos resaltar es que existen mayores costes al tráfico que costes a la multitud. El camión medio lleva muchas toneladas de peso, tanto en su estructura como en su carga. Esto impacta negativamente en el firme inclusive en condiciones que no sean de hora punta, con gran coste en términos de reparaciones y sustitución, los cuales todos hacen frenar aún más a todos los viajeros. Y sí, para estar seguros, fuera de las horas punta ningún motorista retarda la velocidad de otro de *media*, pero imagine quedarse parado detrás de una tortuga a las tres de la madrugada en una calle de un solo sentido cuando está de todas formas vacía. Usted es así víctima por los costes de un viaje más lento.

Así, los no suscriptores pueden ser excluidos del pago de televisión, pero sólo a cierto coste (que es función de la carrera de «armamentos» entre la tecnología electrónica «ofensiva» [por ejemplo, un hacker] y «defensiva» [dueño de la propiedad]). Este coste puede variar más, dependiendo de la honestidad de la población, la facilidad para construir decodificadores falsos y tecnología para antenas parabólicas. Posiblemente, esto pueda ser extensivo.

Inclusive si por el momento aceptásemos la coherencia de estas distinciones, existen dificultades entre B y C. La suposición de la mayoría de economistas que incorporan este modelo es que aunque existan cuatro categorías separadas, no representan en absoluto un 25% por igual del PIB. En su lugar, para la mayoría de tratadistas, A contiene la inmensa mayoría de los bienes y servicios, D comprende poco más si acaso que la defensa nacional y los faros, mientras que B y C inclusive juntos son mucho más pequeños que A.

Sin embargo, es posible extender el alcance de B y C en la dirección de D. Por ejemplo, podría afirmarse que un coste marginal igual a cero en el caso de que todo el stock no sea vendido o alquilado, por ejemplo, donde los asientos libres excedan los ofrecidos. Es, por supuesto, cierto que estos excedentes tiendan a ser disminuidos por la caída en los precios que ellos mismos generen, pero este proceso nunca funciona perfectamente. Nunca estamos en el pleno equilibrio. Existen asientos libres en la mayoría de teatros, estadios de béisbol, conciertos de rock, circos, aerolíneas y aulas, y espacios vacíos en hoteles, apartamentos, edificios de oficinas, centros comerciales y polígonos industriales. Dado, por tanto, que A, B y C pueden ser reducidos a D, debemos confinar nuestros mayores comentarios críticos al final.

Una dificultad básica con el esquema completo de los bienes públicos es que existan o no costes totales, y sean positivos o negativos si es que existen, se trata de una cuestión subjetiva[26]. Los costes, esencialmente, son oportunidades pasadas; específicamente, la próxima mejor alternativa no elegida. ¿Quién si no el que elige puede estar siempre atento a tal cosa? Ciertamente no el economista del *mainstream* observan-

---

[26] James M. Buchanan y G.F. Thirlby, *L.S.E. Essays on Cost* (Nueva York: New York University Press, 1981); James M. Buchanan, *Cost and Choice: An Inquiry into Economic Theory* (Chicago: Markham, 1969); Mises, *Human action* [Trad. esp.: *La acción humana. Tratado de economía*], Rothbard, *Man, Economy and State* [Trad. esp.: *El hombre, la economía y el Estado*].

do desde el exterior, el único responsable del dogma de los bienes públicos en primer lugar.

Otro error fundamental concierne a la exclusión. Es un axioma básico de la ciencia económica que la empresa privada puede ser tenida en cuenta, *ceteris paribus*, para cumplir cualquier tarea de manera más fácil, efectiva y barata que el gobierno. El mercado tiende a «deshacerse» del creador de Edsels, por ejemplo. Esta tendencia se acentúa en gran medida —y prácticamente inexistente, para ser exactos— por lo menos en el sector público. El argumento de los bienes públicos, ilustrado en este cuadro de cuatro partes, afirma que la exclusión es un importante criterio sobre si una tarea debe ser relegada al mercado o al gobierno. Pese a la habilidad del mercado para excluir a los no pagadores (o para hacer otra cosa), es muy diferente que esto prevalezca para el Estado. Llegamos, por tanto, al razonamiento circular que, pese a que sea muy costoso o imposible para el *gobierno* prevenir a los no clientes de disfrutar del bien o servicio, está por tanto justificado que esta misma entidad, el Estado, provea el servicio en primer lugar. Para ver la falacia tras este argumento, podemos empezar desde la dirección opuesta. Esto es, ya que es fácil para el empresario privado excluir, esto aniquila las categorías B y D de una vez. La exclusión, esto es, es una función de los mercados en primer lugar; es así ilegítimo utilizar este concepto como una crítica con el cual vencer al mercado, ya que la inhabilidad para excluir es un fallo gubernamental, no del mercado.

Es un error contar con el faro como un bien público puro de la categoría D[27]. El propietario privado del faro tiene una

---

[27] Ronald H. Coase, «The Lighthouse in Economics», *Journal of Law and Economics* 17 (1974): 357-76; para una crítica del anterior, véase David E. Van Zandt, «The Lesson of the Lighthouse: 'Government' of 'Private' Provision of Goods», *Journal of Legal Studies* 23, n.º 1 (1993): 47-72; para una crítica de ambos artículos previamente mecionados, véase William Bar-

amenaza creíble para tener controlado al propietario de la embarcación que rehúse pagar la tarifa: la próxima vez que necesite este servicio, será abandonado como si no hubiese otros barcos en el área. Los no pagadores pueden, por supuesto ,tratar de aprovecharse del éxito de los demás en la industria. Pero esto aumentaría indudablemente los riesgos de colisión, tanto con otros navíos como con rocas en la orilla. Es más, los no pagadores tendrían que adaptar su horario para que coincidiese con el de los otros viajeros, lo que podría resultar más costoso que la tarifa del faro. Alternativamente, podría recortar sus velas para tratar de hacerse pasar por otro barco. Sin embargo, esto sería también caro e inclusive peligroso. Y, en la era de los barcos de vapor, esto resultaría del todo imposible.

Ignorado también está el fenómeno de la «internalización de externalidades». El problema con el faro es que existe un vasto recurso desconocido que interfiere con el análisis de los mercados. Esto es, el océano aún no ha sido plenamente privatizado. Cuando esto ocurra[28], el propietario podría probablemente proveer faros de la misma forma que otros empresarios (por ejemplo, tenderos, propietarios de boleras) ofrecen frecuentemente servicios de iluminación a sus clientes.

En un sentido similar, algunos economistas afirman que la iluminación callejera es un bien público puro, situado en D, ya

---

nett y Walter Block, «Coase and Van Zant on Lighthouse» (manuscrito no publicado, 2003).

[28]   Walter Block, «Institutions, Property Rights and Externalities: The Case of Water Quality», *Agriculture and Water Quality: Proceedings of an Interdisciplinary Symposium*, Murray H. Miller, J.E. FritzGibbon, Glenn C. Fox, R.W. Gillham y H.R. Whiteley, editores (Guelph Center for Soil and Water Conservation: University of Guelph Press, 1992), pp. 191-208; Roy Witehead, Catherine Gould y Walter Block, «The Value of Private Water Rights: From a Legal and Economic Perspective», *Albany Law Enviromental Outlook Journal* (proximamente); Roy Witehead y Walter Block, «Enviromental Takings of Private Water Rights: The Case for Full Water Privatization», *Enviromental Law Reporter* (octubre de 2002): 11162-76.

que es altamente imposible restringir este servicio a aquellos peatones que paguen por él. La respuesta simple es hacer una oferta de paquete: combinar el acceso a la acera con la iluminación y pagar por *ambas*. Los propietarios de restaurantes, después de todo, nunca cobran por la iluminación de forma separada: esto queda reflejado en el precio de la comida. Y en cuanto a restringir la entrada a las aceras a los clientes, bien pudiera ser que cuando todas esas vías públicas sean privatizadas, el acceso a ellas sea ofrecido gratis, como un artículo de reclamo, exactamente de la misma forma en la que los propietarios de centros comerciales no cobran por utilizar sus pasillos[29].

¿Qué hay de la defensa nacional? Con estas aclaraciones preliminares, ahora estamos listos para encargarnos de este desafío. Antes que nada, es relativamente fácil excluir a los no pagadores de este tipo de beneficios[30]. Todo lo que tiene que hacer la compañía privada de defensa Acme es señalar a sus clientes, una gran placa en sus casas, tiendas y fábricas, y

---

[29]   De hecho, lo contrario es el supuesto. En el Edmonton Mall, localizado en la frontera norte de Alberta, la instalación abre temprano, antes de que las tiendas estén listas para los negocios, sólo para comodidad de los corredores. (Hay incluso un cuarto de milla construida para su disfrute). La esperanza, presumiblemente, es que aquellos que hacen uno de esas «calles» internas vengan posteriormente a comprar.

[30]   Ahora asumimos esto por el bien del argumento. Esto es debatible no sólo por su subjetividad, sino también debido al hecho de que los gobiernos han matado a más ciudadanos que los que han muerto en guerras. Sobre, esto, véase R.J. Rummel *Death by Government* (New Brunswick, Nueva Jersey: Transaction Publishers, 1996), el cual calcula el número total de no combatientes muertos por su propio gobierno durante este siglo en 169.198.000. Véase también *The Black Book of Communism: Crimes, Terror, Represion*, Stephane Courtois, Nicolas Werth, Jean-Louise Pauné, Andrzej Paczkowski, Karel Bartošek y Jean-Louise Margolin, editores (Cambridge, Massachusetts: Harvard University Press, 1999); Robert Conquest, *The Great Terror* (Edmonton, Alberta: Edmonton University Press, 1990); idem., *The Harvest of Sorros* (Nueva York: Oxford University Press, 1986).

una pequeña versión en la solapa para sus personas. Cualquier persona o propiedad que no lleve una de estas (sería fraudulento, y punible por la ley, falsificar estos carteles) sería «juego limpio», en lo que a esta agencia de protección se refiere. La corporación podría incluso ir más lejos en lo que a agencia de protección se refiere como para decir a los cubanos, los rusos o los Ayatola —quienquiera que sea el «chico malo» del día— que Jones no ha pagado por protección, y por tanto si él o su propiedad son atacados, ninguna resistencia será ofrecida por esta particular fuerza policial[31]. Por supuesto, sería ilícito que Acme demandase a Jones para que les pagase bajo la amenaza de que ellos mismos participarían en una invasión contra él. Cuando Acme haga *esto*, se hundirá al nivel del chantaje de protección gubernamental.

Otro tipo de privatización sucedería probablemente[32] del mismo modo que la «oferta de paquete» que uniría la calle, calzada y acera, junto con la iluminación. Bajo un sistema de puro capitalismo de *laissez-faire*, toda propiedad (sin excepciones) sería poseída privadamente. Esto incluye, de forma

---

[31] Jones, por supuesto, puede emplear cualquier otra forma firma para este propósito o encargarse él mismo de mantener a raya a sus enemigos. En una era sin controles de armas, habría que ser un valiente criminal el que atacase su propiedad con impunidad.

[32] Es muy difícil anticipar cómo funcionaría un mercado en un área de la que ha sido desterrada desde hace tiempo. Sólo podemos especular sobre el libre funcionamiento de esta industria. Es como si los plátanos hubiesen sido siempre producidos por el gobierno y ahora algún cambio radical hubiese abocado a la privatización del producto. Las preguntas y las objeciones serían rápidas y abundantes: ¿Quién las vendería? ¿Cuántos puestos con plátanos habría en cada manzana? ¿Cómo se podría prevenir la putrefacción? ¿Cómo podría ser capaces los pobres de obtener plátanos? ¿Serían vendidas en racimos o individualmente? Podemos mirar con recelo a todas esas reticencias basadas con la perspectiva que nos brinda una industria de plátanos que funciona. Algunos países no son tan afortunados.

preferente, carreteras, autopistas y calles[33]. ¿Quién, entonces,

---

[33] Para una explicación sobre cómo podría funcionar esto, véase Walter Block, «Public Goods and Externalities: The Case of Roads», *Journal of Libertarian Studies* 7, n.º 1 (primavera de 1983): 1-34; «Roads, Bridges, Sunlight and Private Property: Reply to Gordon Tullock», *Journal des Economistes et des Etudes Humaines* 8, núm. 2/3 (junio-septiembre de 1998): 315-26; Walter Block and Matthew Block, *Journal des Economistes et des Etudes Humaines* 8 (junio-septiembre de 1996): 351-62; Walter Block, «Road Socialism»; *International Journal of Value-Based Management* 9 (1996): 195-207; idem, «Theories of Highway Safety», *Transportation Research Record*, núm. 912 (1983): 7-10; idem. «Congestion and Road Pricing», *Journal of Libertarian Studies*, núm. 3, (otoño de 1980): 299-330; idem, «Free Market Transportation: Denationalizing the Roads», *Journal of Libertarian Studies* 3, núm. 2 (verano de 1979): 209-38; Michelle Cadin y Walter Block, «Privatize the Public Highway System», *The Freeman* 74, núm. 2 (febrero de 1997): 96-97; John M. Cobin, «Market Provisions of Highways: Lessons from Costanera Norte», *Planning and Markets* 2, núm. 1 (1999); Gerald Gunderson, «Privatization and the 19th-Century Turnpike», *Cato Journal* 9, núm. 1 (primavera/verano de 1989): 191-200; W.T. Jackman, *The Development of Transportation in Modern England* (Cambridge, Reino Unido: Cambridge University Press, 1916); Dan Klein, «The Voluntary Provision of Public Goods?» The Turnpike Companies of Early America», *Economic Inquiry* (octubre de 1990): 788-812; Dan Klein, J. Majewki y C. Baer, «Economy, Community and the Law: The Turnpike Movement in New York, 1797-1845», *Journal of Economic History* (marzo de 1993): 106-22; Dan Klein, J. Majewski y C. Baer, «From Trunk to Branch: Toll Roads in New York, 1800-1860», *Essays in Economic and Business Theory* (Conferencia impartida en la Economic and Business History Society, 1993), pp. 191-209; Dand Klein y G.J. Fielding, «How to Franchise Highways», *Journal of Transport Economics and Policy* (mayo de 1993): 113-30; Dan Klein y G.J. Fielding, «High Occupancy/Toll Lanes; Phasing in Congestion Pricing a Lane at a Time», *Policy Study*, núm. 170, *Reason* (noviembre de 1993); Gabriel Roth, *The Private Provision of Public Services in Developing Countries* (Oxford: Oxford Universty Press, 1987); idem., *Playing for Roads: The Economics of Traffic Congestion* (Middlesex, Reino Unido: Penguin, 1967); idem., *A Self-financing Road System* (Londres: Institute of Economic Affairs, 1966); Murray N. Rothbard, *For a New Liberty* (Nueva York: Macmillan, 1973) [Trad. esp.: *Hacia una nueva libertad. El manifiesto libertario*. Unión Editorial. Madrid. 2013]; William C. Wooldridge, *Uncle Sam and the Monopoly Man* (New Rochelle, Nueva York: Arlington House, 1970).

protegería a la gente cuando a sus quehaceres diarios o viviendo en casa o en trayecto de ida y vuelta a sus trabajos[34], con
salidas diarias a las tiendas o a ver una película, semanales a
la bolera, cursos de golf y centros comerciales, mensuales al
centro y vacaciones anuales a lugares lejanos? ¿Por qué los
propietarios de estas instalaciones, esto es, quién? Recuérdese,
a diferencia de lo que sucede en la actualidad, que vaya donde vaya, una persona seguirá *aún* en una propiedad privada.
Cada propietario en esto estaría motivado altamente para ase-
gurarse de que ningún crimen suceda en su instalación, porque si sucediera, entonces vendría la pérdida de valor de su
propiedad[35].

Además, al contrario que la policía pública y los soldados
del gobierno, a ello se suma tener una motivación patriótica
o de *esprit-de-corps* para guardar la vida y la integridad física,
también tendrán un incentivo financiero para hacerlo. No es
un accidente que las calles en Disneylandia sean mucho más
seguras que las de Central Park en Nueva York. Déjese que
uno o algunos asesinatos o violaciones sucedan en los anteriores establecimientos y los beneficios comenzarán a decaer, ya

---

[34] Una estratagema común de los apologistas del Estado es la afirmación de que al igual que necesitemos normas en la carretera, ya que de lo
contrario habría muchas víctimas mortales, por lo tanto necesitamos gobiernos para implantar esas normas, no sólo en la carretera, sino en general.
Véase por ejemplo Geoffrey Brennan y James M. Buchanan, *The Reason of
Rules: Constitutional Political Economy* (Cambridge, Reino Unido: Cambridge University Press, 1985), pp. 7-12. En el contexto de las carreteras gubernamentales, hay una cierta astucia en este argumento. Pero el concepto
de privatización de carreteras muestra que esta línea de razonamiento según
la falacia que es.

[35] Edward Stringham, «Market Chosen Law», *Journal of Libertarian
Studies* 14, núm. 1 (invierno de 1998-99): 53-78, muestra que los propietarios de carreteras, centros comerciales, comunidades cerradas y compañías
de seguros, protegerían a aquellos que vivieran o pasasen a través de sus
propiedades, no sólo por benevolencia, sino basándose en consideraciones
del beneficio.

que los clientes se mantendrán alejados en masa. Permítanse algunos más y las quiebras se cernirán y con ellas la amenaza de que los propietarios actuales perderán su propiedad a favor de los empresarios capaces de mantener un nivel de seguridad acorde con una línea saludable. En un marcado contraste, cuando Central Park se convierta en una zona cuasi-militarizada donde los criminales se descontrolen, nadie en una posición para hacer algo al respecto pierde dinero. Las tarifas para la conservación, el mantenimiento y la seguridad de esta parte se derivan de *impuestos*, esto es, coacción. La bancarrota no es posible. El único remedio viable es uno político. Pero para ello, los usuarios del parque puede que no tengan que esperar tanto como cuatro años. Inclusive entonces, no tienen forma de expresar directamente su insatisfacción con la seguridad del parque. Deben elegir entre dos candidatos a la alcaldía que sean responsables de mucho más que de la protección de unos cuantos acres de terreno.

La policía, además, en lugar de confinar sus actividades para proteger inocentes contra criminales, en realidad *ellos mismos* participan en el comportamiento asociado a estos últimos. Lo primero y más básico es que los ingresos percibidos para pagar sus propios salarios y adquirir sus uniformes, vehículos, armas, etc., se basan en la *coacción*. Esto es, se involucran en la propia acción *en contra* de aquellos que han jurado proteger como sus «clientes». Es difícil imaginar un sistema más abiertamente contradictorio. Pero además de semejante ultraje, participan en toda una serie de agresiones complementarias. Por ejemplo, arrestan a personas por vender o comprar medicamentos que arbitrariamente hayan sido declarados ilegales. Actúan asimismo con respecto a actos capitalistas entre adultos que consienten relativos a sexo, material de lectura, salarios, condiciones laborales, horas de trabajo, códigos de construcción y la lista continúa. Mientras que la policía de hecho también emplea tiempo en detener asesinos, violadores y ladrones, en ninguno de los «crímenes» sin víctimas mencionados anteriormente en ningún lugar de su imaginación están protegiendo personas o propiedades. En su lugar, interfieren aún más en acuerdos contractuales privados y voluntarios.

Dado que sería viable para una policía privada excluir a los no pagadores o a los no clientes de la seguridad que ofrecen (esto es, deberíamos desplazar este servicio de D a C), ¿qué hay de la otra parte del argumento, relativo a la rivalidad? ¿Tiene la policía un coste marginal positivo? (Esto es, ¿podemos transferir los servicios policiales de C a A?) Un momento de reflexión nos convencerá de que podemos. Sin duda un vigilante puede proteger de manera más efectiva a *un* cliente que a cien o a mil. Por ello, es más costoso garantizar la seguridad de una unidad adicional. La protección de los consumidores, por tanto, es rival respecto uno a otro.

Cuando nos trasladamos del campo de la protección policial interna a la región externa de ejércitos y relaciones internacionales, la historia es más de lo mismo. La defensa nacional, también, no puede ser categorizada en D. No es imposible excluir a los no pagadores ni es cierto que la incorporación de una persona más bajo el paraguas protector no cueste recursos adicionales. Tomemos la última afirmación primero. Si fuese de hecho el caso de que no tuviese coste el proteger gente adicional, una vez que un ejército y, digamos, una amenaza real de represalias nucleares, tengan lugar, entonces Rhode Island sola podría luchar en todas nuestras guerras. ¿Por qué cobrar impuestos adicionales a Texas, Alaska, Hawái o Florida? Sería innecesario. Segundo, en cierta forma, no habría razón para que los continentes enteros de Norteamérica o Sudamérica no puedan ser defendidos de agresores externos, no por los Estados Unidos, el cual *es* concebible como suficientemente poderoso como para llevar a cabo esta tarea, sino por alguna jurisdicción más pequeña, políticamente más débil, el equivalente internacional de Rhode Island —Canadá o Uruguay, por ejemplo. Si esas opiniones son absurdas, que lo son, entonces la misma afirmación debe ser citada en el argumento de que no existe coste adicional por proteger a gente adicional.

Tomemos otro caso. Supóngase que dos ejércitos invaden Estados Unidos, al mismo tiempo, uno desde el Atlántico y otro desde el Pacífico. Seguramente nuestras fuerzas defensivas podrían hacer un trabajo mucho mejor si pudiesen centrar toda su atención en un solo «frente» de la guerra. Dado que cuentan con la obligación de defender las costas este y oeste al mismo tiempo, puede que no ayude, sino que sea un problema en sus esfuerzos en conjunto.

Ahora considérese la primera afirmación. ¿Es posible excluir a los no clientes de la protección? Es fácil ver que este es el caso que concierne a armamento convencional. Si nadie en Arkansas paga por protección de Muamar el Gadafi, entonces la empresa privada XYZ que se ofrece para mantenerlo a raya no interferirá con los planes de este último en conquistar Arkansas. En su lugar, XYZ se limitará a asegurar que estos asesinos del este mantengan sus manos lejos de sus clientes en, digamos, Nueva York y Nueva Jersey, las zonas de donde proceden sus ingresos. Supóngase ahora que un tercio de los habitantes de Arkansas contratan a la compañía XYZ y que se encuentran diseminados por todo el Estado. De nuevo, sin problema. La agencia de protección internacional toma prestada una ventaja de su homólogo estrictamente nacional: distribuye identificaciones sólo entre sus clientes y a Muamar el Gadafi (así como a los criminales locales) se les da a entender que XYZ mirará hacia otro lado si un *no* cliente es atacado.

A primera vista, es más difícil ver cómo podría funcionar esto sin el paraguas nuclear. Después de todo, si la amenaza de una asegurada destrucción en masa ——si es necesario— protegerá Arkansas de los rusos, aquellos en los Estados limítrofes de Missouri, Tennessee, Mississippi, Luisiana, Texas y Oklahoma no necesitan ayuda para financiar el sistema de misiles balísticos intercontinental, cuya intención es la de «lanzar uno haciendo un arco en el baño de caballeros del Kremlin». Aquellos rácanos pueden permitir que los habitantes de Arkansas hagan esto por su cuenta. El problema es que este argumento prueba mucho más. Porque si su estratagema funcionara para la primera línea de los Estados contiguos a Arkansas, funcionará en cualquier lugar del mundo. Si uno puede de esta forma dejar caer la espada de Damocles sobre la cabeza de cada ruso en una posición de autoridad (y, por supuesto, todos los demás que residan en dicho país), entonces no existe en principio *ningún límite* a las demandas que puedan hacer. No hay, entonces, razón para confinar el área no excluible a los que limitan con dicho Estado. Teóricamente, el mundo entero es la esfera en la cual el área de no exclusión se extiende[36]. Si esto es así, entonces no hay lugar para la defensa de varios gobiernos nacionales en un club nuclear que constituya un bien público de la categoría D. En su lugar, lo que tenemos aquí es un argumento para un gobierno mundial, que comprenda a todos los pueblos de la tierra.

---

[36] Por supuesto, un caso similar se obtiene en relación a los rusos que viven en una pequeña área-Moscú, por ejemplo.

III

CLUBES VOLUNTARIOS[37]

Además de los argumentos sobre las externalidades y los bienes públicos en defensa del gobierno, existe también la visión de que esta institución es realmente parte del mercado en el sentido de que en realidad no inicia la violencia contra sus miembros. En su lugar, la conclusión es que el gobierno es similar a un club privado; dado que éste no es culpable del comienzo de la violencia, entonces tampoco nada de esto puede aplicársele. Si esto es así, entonces la organizadamente estatista defensa nacional no es más problemática que cualquier otra iniciativa privada, por ejemplo, un puesto de perritos calientes. Es imperativo, por tanto, si el argumento sobre la protección gubernamental ha de ser críticamente analizado, que estas afirmaciones sean expuestas por la cantidad de falacias que contienen.

Considérese a este respecto lo siguiente:

> Una forma de pensar es aquella en la que el gobierno es como un club. Al igual que un club de tenis existe en ayuda de los intereses de sus miembros para jugar al tenis, el gobierno existe para defender los intereses de sus ciudadanos.

---

[37] La redacción de esta sección fue provocada por unas discusiones con mi colega en la Universidad Central de Arkansas, William H. Friedman.

La analogía con el club es útil al pensar sobre la cuestión de la secesión. Al igual que el derecho a abandonar un club, si ya no sirve a los intereses de uno, parece razonable, así bajo ciertas circunstancias existe el derecho de secesionarse.

El abandono de un club por parte de un individuo puede afectar de forma adversa al resto de miembros. Supóngase, por ejemplo, que las instalaciones del club fueron construidas bajo la creencia de que 1000 miembros cubrirían la amortización de la construcción y los costes de mantenimiento. Si los miembros caen por debajo de 1000, los miembros restantes deberán pagar tarifas anuales superiores a las originalmente previstas. Con esto en la cabeza, los miembros fundadores del club podrían ponerse de acuerdo en imponer un castigo a aquellos que abandonen o requerir que aporten una fianza para ser castigados en caso de retirada, a menos que encuentren un nuevo miembro que ocupe su lugar[38].

Por supuesto, si el club puede determinar el castigo impuesto sobre aquellos que se secesionen, también puede, como el gobierno, prohibir que esto ocurra en primer lugar[39].

---

[38] Dennis C. Mueller, *Constitutional Democracy* (Oxford, Reino Unido: Oxford University Press, 1996), p. 81. Mueller también escribe:

> Un Estado es como un club formado para conseguir los intereses comunes de sus miembros. Como otros clubes será más capaz de conseguir estos intereses cuanto más en común estén. Del mismo modo que es poco probable que el número de miembros óptimo de un club incluya a todo el mundo que podría ser miembro, el número óptimo de miembros (ciudadanía) de una unidad política no incluye necesariamente a cada persona que podría ser ciudadano.

Debo esta referencia a Ed Stringham.

[39] Para el caso del comportamiento de la secesión, véase Robert W. McGee, «The Theory of Secession and Emerging Democracies. A Constitutional Solution», *Stanford Journal of Internation Law* 28, núm. 2 (1992): 451-76; ídem., «A Theory of Secession for Emerging Democracies», *Asian Economic Review* 33, núm. 2 (agosto de 1991): 245-65; Robert W. McGee y Danny Lam, «Hong Kong's Option to Secede», *Harvard International*

Otro autor con una visión similar es Charles Blankart:

> El Estado puede ser visto como una organización similar a un club. Los clubes están formados por individuos que quieren conseguir un fin común. De forma similar, un Estado puede ser definido como un club formado por ciudadanos y diseñado para servir los fines que sus miembros tengan en común, como la provisión de bienes públicos como la ley y el orden, la defensa nacional, las calles y las carreteras, etc.[40].

Él también es de esta opinión: «Un Estado es un tipo particular de club en el que las dimensiones son definidas (generalmente) de manera geográfica»[41].

La idea de que un gobierno sea análogo a un club privado voluntario —o, mejor aún, no es ni más ni menos que un club privado voluntario— se encuentra ampliamente asociada con, o acreditada por, James Buchanan[42]. Debemos, sin embargo, discutir la versión de esta doctrina de Randall Holcombe. Es muy confusa y contradictoria, pero sus idas y venidas, sus contradicciones y ofuscaciones pueden servir como un buen complemento. Pese a que este autor cita expresamente, «Pocas personas estarían dispuestas a discutir que el gobierno no es

---

Law Journal 33, núm. 2 (1992): 427-40; *Secession, State and Liberty*, David Gordon, ed. (New Brunswick, Nueva Jersey: Transaction Publishers, 1999).

[40] Charles B. Blankart, «Club Governments versus Representative Governments», *Constitutional Political Economy* 5, núm. 3. (1994): 273. Debo esta fuente a Ludwig Van de Hauwe.

[41] Ibíd.

[42] Véase James M. Buchanan, «An Economic Theory of Clubs», *Economica* (febrero de 1965): 1-14. Esta afirmación hecha por Randall G. Holcombe, *The Economic Foundations of Government* (Nueva York: New York University Press, 1994), p. 73; y por Richard Cornes y Todd Sandler, *The Theory of Externalities, Public Goods and Club Goods* (Cambridge, Reino Unido: Cambridge University Press, 1986), p. 161. (En la vision de los últimos autores, esta atribución debe ser compartida por Mancur Olson, Jr., *The Logic of Collective Action: Public Goods and the Theory of Groups* (Nueva York: Schoken Books, 1971).

más que un inmenso club»[43] —y, de hecho, esto es ampliamente erróneo- esta es *precisamente* su visión, debo discutir. ¡Sólo que en lugar de mantener simplemente que el Estado sea simplemente una organización voluntaria, Holcombe cree, además, que los clubes privados son en realidad coactivos!

El anexo «A» de esta afirmación mía es su «modelo de intercambio de gobierno»[44]. Ahora, para la mayoría de la gente, «intercambio» implica interacción voluntaria. Un vendedor de pasteles que da uno de sus pasteles al vendedor de leche, y este último de manera recíproca del mismo modo, según ilustra el famoso dibujo de Norman Rockwell. Pero Holcombe no tiene en cuenta nada de esto. En su lugar, mantiene, en un escenario de «intercambio»:

Una posibilidad sería que el fuerte esclavizara al débil y lo forzase a trabajar para él (*sic*). El fuerte es el demandante residual en este caso, pero… el débil tiene poco incentivo para ser productivo… el débil no tiene incentivo para producir cosas que sabe que le serán robadas posteriormente…

Otra posibilidad desde el punto de partida de la anarquía es que el fuerte *se ponga de acuerdo* para tomar sólo una parte predeterminada de la producción del débil. Por ejemplo, si ambos *están de acuerdo* en que el débil debería dar al fuerte un tercio de su producción, ambos estarían mejor. El débil tiene ahora un incentivo para producir, sabedor de que podrá retener dos tercios de su producción, y el fuerte consigue un tercio de la producción del débil. Bajo la anarquía, el débil no produciría probablemente nada que pudiese ser tomado por el fuerte, reduciendo la producción que podría ser producida por ambos. La sociedad de dos personas es más productiva, y ambos están mucho mejor bajo el *acuerdo*

---

[43] Holcombe, *Economic Foundations of Government*, p. 73
[44] Ibíd., p. 32.

de que el débil comparta un porcentaje especificado de su producción con el fuerte[45].

La dificultad aquí no está en que Holcombe atribuya la coacción a las instituciones estatales. Por el contrario, esto es totalmente correcto. El problema es la perversión del lenguaje utilizado para describir tal relación: en términos de *intercambio*[46] y *acuerdo*. Si este supuesto «acuerdo» es el «acuerdo» de la víctima atracada para ser robada, en lugar de recibir un disparo y ser robada: es el «acuerdo» de una mujer para ser violada, en lugar de violada y asesinada, cuando en realidad no «está de acuerdo» en nada. En resumen, no hay ningún acuerdo en absoluto. Un lenguaje tan confuso parece al menos intencionadamente oscuro.

Holcombe continúa describiendo al gobierno como «el intercambio de protección por un tributo», y afirma que esto «beneficia tanto a ciudadanos como a su gobierno». Lo anterior es únicamente el lenguaje idiosincrático que tenemos que esperar de este autor. Cuando una parte «protege» a la otra de los expolios que emanan de sí misma, esto es sólo «protección» en la mafia o chantaje en el sentido del término. No es, para ser claros, protección en absoluto, sino en su lugar invasión o robo. Y al decir que ambas partes de la transacción se «benefician» es añadir un insulto al daño. Si esto fuese realmente un comercio mutuamente beneficioso, como en el caso del trueque entre el pastel y la botella de leche, ambas partes lo llevarían a cabo de forma voluntaria. Pero aquí, algo que inclusive Holcombe admite, una parte lleva a cabo el «acuerdo» bajo coacción. Menudo contrato[47].

---

[45] Ibíd., p. 33; cursivas añadidas.
[46] Ibíd., p. 36; cursivas añadidas.
[47] Un ejemplo más de la inconsistencia interna de Holcombe: mantiene (p. 34) que «ningún derecho ha sido establecido… en la anarquía». Si fuese así, ¿cómo podría el «robo» tener lugar? Por seguro que el robo es un con-

Para un autor que ve un enorme paralelo entre el gobierno y los clubes, Holcombe es culpable de un poco de inconsistencia. Por ejemplo, afirma:

> Si los clubs son fundamentalmente organizaciones voluntarias, entonces uno puede tener una razón para querer intervenir en las actividades del club. Las personas a las que no les gusten las actividades del club pueden no entrar. Si los gobiernos son (*sic*) fundamentalmente organizaciones coactivas que obligan a las personas a obedecer las reglas del gobierno, entonces cualquiera del grupo tiene interés en las actividades del gobierno[48].

Pero esto es más que curioso superficialmente. Acaba de admitir que los gobiernos son de hecho coactivos, en que fuerzan a las personas a establecer «contratos» con ellos. ¿Por qué la delicadeza aquí? Segundo, una construcción paralela le hubiese obligado a concluir la cita anterior, no como hizo, sino en su lugar diciendo: «entonces cada uno en los grupos tendría mucha más razón para esperar interferir con las actividades del gobierno». ¿Por qué retroceder desde las implicaciones de las propias premisas?

Entonces, además, Holcombe se resiste a la igualación de la fiscalidad y el robo. Afirma, «Inclusive si uno observase la fiscalidad como un robo, uno podría difícilmente decir que un ladrón se convierte en el gobierno como resultado de este hurto»[49]. Muy al contrario, empezando por las premisas de Hol-

---

cepto que depende de que haya *derechos* existentes. Ni ninguno existiese, entonces por definición sería imposible que allí hubiese *robo*. Todos estos actos tendrían que ser descritos como «transferencias» de bienes, o de alguna otra, de una persona a otra. Si ningún derecho ha sido establecido en la anarquía, ¿entonces qué le da a alguien el *derecho* a dejar esta situación y establecer un gobierno? Sin derechos en absoluto, parecería que cualquier situación debiera ser descartada.

[48]   Ibíd., p. 72.

combe, uno podría ser persuadido por las leyes de la lógica para afirmar esto mismo, aparte del hecho de que el gobierno sea definido como el robo con legitimidad[50].

Pero el gobierno, como digo, no es el mayor problema para Holcombe. Al menos este autor admite, en su propio lenguaje aturdido, que el gobierno es de hecho culpable de amenazar con violencia contra los ciudadanos a menos que «acuerden» pagar tributos[51], inclusive aunque fracase en llevar a cabo plenamente esta percepción.

Por el contrario, la dificultad real es que Holcombe observa coacción en las organizaciones voluntarias como los clubes. Tómese lo que algunos considerarían como el club de bridge más inofensivo, el cual ofrece a sus miembros que asistan una reunión una vez al mes:

> El club de bridge grava a sus miembros al requerirles que paguen por los refrescos cada cuatro semanas. Existe también una cierta cantidad de trabajo necesario para recibir al grupo, como preparar el lugar para jugar, preparar los refrescos… y limpiar después. Este trabajo obligado es similar al concepto de refuerzo militar[52].

---

[49] *Ibíd*, p. 73.

[50] Véase sobre esto Murray Rothbard, *For a New Liberty* [Trad. esp.: *Hacia una nueva libertad. El manifiesto libertario*, Unión Editorial, Madrid 2021], p. 51, el cual afirma que «cualquiera que persista en pensar en la fiscalidad como en algún tipo de pago 'voluntario' puede ver lo que sucede si elige no pagar». Holcombe, *Economic Foundations of Government* (p. 38) reta a Rothbard a la tarea de «exonerar a los criminales del campo del gobierno». Parece no darse cuenta de que para Rotbhard simplemente no existe diferencia en absoluto entre una banda de ladrones y el gobierno, aparte de las mejores relaciones públicas del último, cortesía en gran parte por el soborno a las clases intelectuales.

[51] Cuando los piratas solicitaban acuerdos para este tipo de cosas, el grito surgía, «millones para defensa, ni un penique para impuestos». En la exasperante terminología de Holcombe, esto no sería deseado o indeseado, justo o injusto, sino en su lugar algo totalmente incomprensible.

[52] Holcombe, *Economic Foundations of Government*, p. 75.

Este autor no quisiera ser interpretado como si mantuviera seriamente que el club de bridge fuese coactivo. Esto, podría pensarse, es muy contrario al sentido común, inclusive para él. En su lugar, quisiera ser interpretado simplemente como si usase este ejemplo como cuestión polémica, para mostrar que no existe diferencia real en principio entre contratos voluntarios y coactivos. Afirmar específicamente que existe una «continuidad desde los clubes hasta los gobiernos»[53], pero no puede permitírsele escapar de forma tan fácil. Holcombe mantiene en efecto que el club de bridge es *parcialmente* coactivo[54]. Pero esto es una monstruosa y presumiblemente intencionada utilización de un lenguaje engañoso, al menos por parte de un hablante nativo del inglés. Si el club de bridge, en verdad, es una institución coactiva, incluso parcialmente, entonces no existe esperanza en absoluto para mayor claridad en este campo.

Su pesada artillería en este sentido es la distinción —o, en su lugar, falta de distinción— entre la piscina de una asociación de vecinos, la cual surge del acuerdo o contrato, y la piscina municipal, la cual se basa por supuesto en la fiscalidad. Se deja engañar por las similitudes superficiales de los dos casos al creer que no existe diferencia relevante entre ellos. Afirma:

> Seguramente [la diferencia entre ellas] no puede ser relacionada con la coacción. Tanto la organización de la piscina comunitaria como el gobierno municipal tienen la habilidad de forzar a sus residentes a contribuir a sus arcas. En ambos casos el individuo no puede escapar de la organización sin mudarse, pero en ambos casos es posible mudarse.

---

[53]   Ibíd., p. 74.
[54]   Hace una observación similar (p. 85) en relación a los restaurantes privados que imponen normas de vestimenta, caracterizando esto, también, como el uso de «coacción». Considero que esto también es perverso.

La diferencia obvia entre ambos casos, aparente de forma clara para cualquiera que entienda incluso para aquel que entienda una pizca de filosofía política, es que en el último caso, la piscina es *poseída de forma privada*, mientras que en el otro caso no lo es. De acuerdo con Holcombe:

> La subdivisión fue una vez una granja y fue comprada por un promotor que dividió el terreno en porciones individuales y construyó casas sobre las porciones. En el centro de la subdivisión el promotor construyó una piscina comunitaria.

Defender la entrada de una persona en esta instalación sin pagar es en realidad como cometer robo a los bienes de la asociación comunitaria privada que posee ahora la piscina. En un fuerte contraste, de hecho, la piscina municipal se encuentra bajo los auspicios del ayuntamiento. No existen derechos de propiedad involucrados. Muy al contrario, existe un gobierno local, con el poder de obligar a los ciudadanos que no han firmado ningún contrato con él de ninguna manera. Esta distinción elemental, tan básica en el análisis de las políticas públicas, parece haberse escapado por completo al autor. Según Schumpeter, «La teoría que interpreta los impuestos según la analogía de las cuotas de un club, o de la compra de los servicios de, digamos, un médico sólo prueba cuán lejos queda esta parte de las ciencias sociales respecto de los hábitos científicos de la mente»[55]. Esto se lee como si Schumpeter tuviera específicamente a Holcombe en mente.

Que los dos establecimientos tienen algunas similitudes superficiales no puede ser negado. Pero de acuerdo con la propia teoría de Holcombe sobre la creación del Estado, los individuos vienen primero. Dado que sufrían bajo el estado

---

[55]   Joseph A. Schumpeter, *Capitalism, Socialism and Democracy* (Nueva York: Harper, 1942), p. 198, [Trad. esp.: *Capitalismo, socialismo y democracia*. Ediciones Folio. 1984. Madrid].

hobbesiano de la naturaleza, acordaron «intercambiar» esta situación por una de civilización y gobierno. Pero *no* acordaron cualquier otra cosa. Tal y como Spooner[56] muestra, simplemente no existe prueba de esta aseveración. Nadie, no bajo coacción, firmó ningún contrato instituyendo el gobierno y nadie jamás pagó ningún impuesto de forma voluntaria. Siendo este el caso, el estatus de la piscina gubernamental, pese a las apariencias externas, es en realidad totalmente diferente de una totalmente privada. El gobierno de hecho «intercambió» impuestos por regularidad en el robo, pero Holcombe está en un grave error cuando asemeja esto con las relaciones de propiedad privada que subyacen a la piscina comunitaria.

Incluso después de una cuidadosa atención, y de varias lecturas, no me queda claro si Holcombe observa pequeñas unidades de gobierno (ejemplo, pueblos y ciudades) como voluntarias, o desarrollos de condominios privados como coactivos, o ambos. No queda claro por qué tergiversa sobre estas dos visiones[57]. La posición correcta, mantengo, es que ambas están mal. Esto es, el gobierno, no importa a qué nivel «local», siempre es coactivo. Esta es la esencia de la institución. Esto se mantiene a menos que exista un acuerdo unánime desde el principio; pero si esto es así, entonces ya estamos discutiendo más el estatismo. En su lugar, hemos enfilado el ámbito de lo privado. En agudo contraste, no puede haber duda de que los acuerdos privados comunales voluntarios deben ser no coactivos por necesidad. Si de alguna forma son o se convierten en coactivos, entonces son adecuados para ser interpretados

---

[56] Lysander Spooner, *No Treason* (Larkspur, Colorado: Pine Tree Press [1870] 1966). [Trad. esp.: *Sin traición. La Constitución no tiene autoridad*, Unión Editorial, Madrid 2021].

[57] Los bromistas creen que la mejor forma de conseguir fama, premios y reconocimiento en economía es escribir de forma nada clara. Keynes es seguramente el mejor ejemplo. Si es así, Holcombe va camino de ser una gran celebridad.

como un aspecto del gobierno, no como del sector voluntario. Las bandas criminales privadas, los ladrones individuales y los violadores, por ejemplo, son necesariamente como el gobierno, aunque no oficiales.

IV
CONCLUSIÓN

Hemos considerado varios argumentos en relación a la gubernamentalmente organizada defensa nacional: externalidades, bienes públicos y teorías de clubes. Hemos encontrado todos ellos deficientes. Concluimos, por tanto, que la acusación contra estos acuerdos institucionales queda no probada.

CUADERNOS DEL PENSAMIENTO LIBERAL